AF264152

DE LA RESPONSABILITÉ

DES MINISTRES

ET DES AGENS DU POUVOIR,

EN PRÉSENCE

DE LA SOUVERAINETÉ DU PEUPLE.

Montrez-nous, guerriers magnanimes,
Votre vertu dans tout son jour.

J.-B. ROUSSEAU.

PAR M. LE CHEVALIER D'AURIOL,
ancien introducteur des ambassadeurs.

PARIS,

G.-A. DENTU, IMPRIMEUR-LIBRAIRE,

RUE DU COLOMBIER, n° 21 ;

Et Palais-Royal, galeries d'Orléans, n° 13.

M D CCC XXXI.

DE LA

RESPONSABILITÉ

DES MINISTRES

ET DES AGENS DU POUVOIR,

EN PRÉSENCE

DE LA SOUVERAINETÉ DU PEUPLE.

Sous l'empire de la Charte de 1814 il a été adopté des lois spéciales dont la stricte équité n'a pas toujours été prise pour base, dont l'exécution a souvent déplu à la nation, parce que ces lois, conseillées par des ministres courtisans, favorisaient trop le pouvoir et l'armaient inutilement, tandis que le peuple, confiant et tranquille, vivait dans l'espérance d'un meilleur avenir. On a vu pendant l'espace de seize ans plus de soixante ministres-secrétaires d'Etat pris de divers rangs, dans la magistrature, dans le barreau, dans la marine et dans le militaire, un certain nombre sortis de l'école de Napoléon ; on les a vus, dis-je, proposer des lois spéciales de toute espèce, et pas un seul n'a proposé une loi sur la *responsabilité des ministres;* et cependant ces ministres n'avaient pas à redouter l'écueil d'aujourd'hui ; ils gouvernaient à l'abri de la souveraineté placée entre les mains du roi, et des dispositions de la Constitution de l'an VIII.

Deux accusations portées par deux honorables députés, l'une contre M. le duc Decazes, et l'autre contre M. le comte de Villèle, n'ont eu aucune suite, quoique assez motivées, parce qu'il n'y avait pas de loi sur la responsabilité des ministres qui déterminât les divers délits et les peines de la trahison et de la concussion, d'après l'art. 56 de cette Charte; et parce qu'enfin la Chambre des députés n'avait pas trouvé que, à défaut de cette loi, les articles du Code pénal y suppléassent suffisamment.

Ces accusations, ayant été anéanties, ne nous ont laissé aucun principe de législation sur la matière.

Des abus aux abus, on est arrivé à la nomination du ministère du 8 août 1829. On connaît la composition de ce ministère, dont M. le prince de Polignac a été le chef; on ne connaît que trop, hélas! ses actes et la catastrophe déplorable qui a amené la chute de Charles X. et des membres de la branche aînée des Bourbons; et la Cour des pairs, appelée à juger les ex-ministres de Charles X, a reconnu l'insuffisance de nos lois pour l'application des peines encourues par des ministres responsables, coupables de trahison.

On n'ignore pas que de grands publicistes veulent que les délits politiques ne soient pas punis; M. Benjamin Constant le pense aussi, sauf certains cas; le crime des ex-ministres était certainement très-grave, très-évident, mais l'inviolabilité du roi n'ayant pas été respectée, ainsi que la Charte de 1814 le prescrit, il ne pouvait plus y avoir de responsabilité pour les ministres. Un simple dilemme, d'après l'art. 13, était suffisant pour les faire absoudre, quoique coupables. La raison du temps, et non la raison d'Etat, en a décidé autrement, et a laissé des empreintes ineffaçables dans l'histoire de notre époque, laquelle offre chaque page couverte de sang et de larmes !... la Cour des pairs fut donc appelée à délibérer sur laquelle des trois peines principales elle devait prononcer, savoir, 1° la peine de mort; 2° le bannissement perpétuel; 3° la prison à vie; les autres peines afflictives et infamantes ne pouvant être appliquées en pareil cas aux premiers fonctionnaires de l'Etat sans dégrader la société. Et l'on doit à l'honorable député M. de Tracy, au moment où les ex-ministres allaient être mis en jugement, la généreuse proposition d'abolir la peine de mort ; et l'on a vu avec plaisir que ses principes sur cette grave question étaient d'accord avec ceux de Beccaria, de Jérémie Bentham, de Blackstone et de Filangieri, qui regardent la peine de mort comme beaucoup plus douce et moins exemplaire que le bannissement perpétuel et la prison à vie et ses tortures.

Depuis l'empire de la Charte de 1830, qui n'est que *le traité d'une paix boiteuse,* et malgré les dispositions particulières dont la Chambre des députés a exigé la prompte exécution, dans l'intérêt de la nation, on a vu deux ministères se succéder ; et après avoir cherché, d'un pas mal assuré, à jeter les fondemens du nouveau gouvernement sur une base radicale, ils ont avancé, ils ont reculé devant les dangers qu'ils ont cru voir devant eux en favorisant la souveraineté du peuple, mobile d'actions grandes, généreuses, surtout chez une nation telle que la nôtre. Ces deux ministères n'ont point encore présenté un projet de loi sur la responsabilité des ministres et des agens du pouvoir, et cependant la révolution de 1830, qui ne s'est faite que par suite d'abus de pouvoir, a entendu que l'exercice de l'autorité ne fût plus sans garantie, pour éviter désormais que le peuple fût victime de l'arbitraire.

La loi sur la responsabilité a donc manqué à

la Charte de 1814, et manque encore à la Charte de 1830, pour affermir le gouvernement, et garantir l'inviolabilité de la personne du roi.

Avant de recourir à la jurisprudence anglaise sur la responsabilité, j'essaierai de faire un examen rapide de l'histoire de notre droit public aux temps de la féodalité et du régime absolu.

Ce n'est pas sous la première race, mais sous le règne de Charlemagne, qu'on trouve un gouvernement très-populaire qui donna en France les germes de la représentation nationale, et par conséquent quelques principes de responsabilité. On remarque que notre histoire s'éclaircit, et prend une marche vers la civilisation. Mais par malheur ces germes disparurent sous les successeurs de ce grand prince, et la France retomba dans l'anarchie féodale. Ce n'est qu'à partir du ministère du chancelier de L'Hôpital qu'on sut faire l'application des lois aux crimes et délits commis par les magistrats chargés du pouvoir.

La France, livrée à des guerres intestines et religieuses, à des guerres extérieures, sous le régime absolu, peu favorable de sa nature aux progrès des lumières et de la civilisation, n'a offert de nouveaux germes de gouvernement représentatif que lors des assemblées des États. Mais l'exercice de ce droit nouveau, joint à l'état fâcheux où se trouvaient les finances de la France, n'a pas peu contribué à notre première révolution. Quand la liberté est au berceau, que de soins il faut pour élever son enfance! que de persévérance et de modération! que de sagesse et d'expérience pour diriger sa jeunesse fougueuse, et la conduire à l'âge de la raison! Si la fortune ne traverse ses destinées, si les brouillons et les ambitieux n'entravent pas la marche de ses progrès, le roi qui régnerait et la nation qui jouirait du bienfait de ses libertés stables seraient les plus heureux du monde. Mais pour y arriver, il faut qu'il entre dans les mœurs d'une nation d'avoir autant de fermeté que de constance.

C'est donc en vain que j'ai cherché des principes sur la responsabilité dans l'histoire de notre ancien droit public, je n'en ai trouvé que du ministre envers le souverain absolu. Je suis forcé d'avoir recours à la jurisprudence anglaise, et quoiqu'on blâme de citer toujours l'Angleterre, on y est obligé à cause de son âge et de son expérience sur cette matière.

Depuis l'établissement de la grande Charte de 1688, il ne s'est présenté qu'une seule circonstance où les ministres s'étant permis des actes arbitraires, ontre M. Wilkes, en 1763, celui-ci les traduisit devant les tribunaux, ainsi que leurs

agens; et les tribunaux, après avoir pris con-
naissance des charges qui pesaient contre les ministres et leurs agens, les condamnèrent à des
amendes énormes, mais proportionnées au pouvoir de chacun. « C'est que les vexations, dont
« se plaignait M. Wilkes, dit M. Benjamin Cons-
« tant dans son ouvrage *sur la Responsabilité*
« *des ministres* d'après la Charte de 1814, n'é-
« taient point le mauvais usage d'un pouvoir lé-
« gal, mais l'exercice non autorisé d'une force
« illégitime. Les actes arbitraires des ministres
« furent donc envisagés comme des délits, et les
« ministres jugés comme hommes privés. »

Ce publiciste ajoute : « J'ai questionné des An-
« glais très-versés dans la jurisprudence de leur
« pays sur l'action qui fut dirigée par M. Wilkes
« contre les ministres. Ils m'ont répondu que
« dans cette circonstance l'action fut, en effet,
« purement civile, parce que l'on inculpait uni-
« quement la légalité des actes, et non les inten-
« tions des ministres ou de leurs agens; mais si
« l'intention avait été attaquée comme crimi-
« nelle, l'action aurait eu lieu. »

Si les juges ont pu être faibles devant les *agens
du pouvoir*, ce n'aurait pu être sous le gouvernement représentatif de 1814, et ce ne peut être
sous celui actuel, qui a reconnu, comme le pré-

cédent, leur inamovibilité. N'ont-ils pas montré qu'ils connaissaient *leur justum et tenacem propositi virum*, d'Horace? et ce serait insulter à leur esprit d'équité que de croire à leur faiblesse.

Le premier principe à établir, c'est que tous les hommes sont responsables, et que la responsabilité pèse en proportion du pouvoir qui vous est confié : les ministres sont donc les premiers responsables.

On a vu que dans l'affaire de M. Wilkes, les juges ont distingué les actes publics d'un ministre d'avec ses actes privés.

Suivant la Charte de 1814, la responsabilité des actes publics des ministres était explicite, et se bornait à la trahison et à la concussion.

Suivant la Charte de 1830, la responsabilité des actes publics est tout à fait implicite, ce qui rend les fonctions de ministres fort dangereuses à remplir en présence de la souveraineté du peuple. Tant qu'une loi spéciale et formelle ne sera pas rendue, l'article 47, qui a remplacé les articles 55 et 56, donne la liberté de confondre dans l'accusation les actes privés et les actes publics; et cependant il est indispensable d'en faire la distinction pour fixer la compétence de la Cour des pairs et des tribunaux.

Je ne crois pas que les traités de paix et de

guerre, et leurs négociations, puissent être le sujet d'une accusation ; mais je pense que la trahison et la concusion doivent être les seuls crimes dont les ministres responsables doivent être accusés devant la Cour des pairs. Il en résulterait que ces accusations seraient beaucoup plus rares, et que l'Etat ni la société ne seraient point ébranlés par des jugemens aussi solennels.

Quant aux délits privés des ministres, qu'on regarde, avec raison, comme justiciables devant les tribunaux ordinaires, ils consistent dans tous les crimes et délits commis en dehors de leurs fonctions, et dont les cas prévus par le Code pénal et le Code d'instruction criminelle sont appliqués aux particuliers.

Il est bien entendu que les membres du corps diplomatique français, dont chacun a reçu sa nomination du roi, sont au nombre des ministres responsables devant la Cour des pairs pour crimes de trahison et de concussion, et devant les tribunaux ordinaires pour raison de leurs crimes et délits commis en dehors de leurs fonctions.

Mais dans quelle catégorie placera-t-on les sous-secrétaires d'Etat, espèce de *plante exotique*, répudiée déjà par *les botanistes* de la Chambre des députés ? Sont-ils les égaux des ministres responsables devant la Chambre des pairs, ou doivent-ils être rangés dans la classe des autres agens du pouvoir responsables de leurs actes publics et privés devant les tribunaux ordinaires? Je trouve que ce fonctionnaire est ordinairement créé pour protéger l'incapacité, la paresse et les intrigues parlementaires du ministre; je trouve qu'en établissant deux volontés dans un ministère, c'est placer les chefs dans l'hésitation de faire ou de ne pas faire, c'est nuire à l'unité d'action du système du cabinet; et si j'ajoute à cette création inutile celle des directeurs de division, on trouvera la cause première des intrigues bureaucratiques; l'employé, le chef et le solliciteur cherchant à s'appuyer pour balancer les prétentions. En simplifiant les rouages, dont les dents, trop multipliées, ne s'engrènent que pour des hommes, et non pour la chose; en donnant une marche plus directe aux travaux, il n'y aurait pas d'intrigues, qui mangent un temps précieux à l'Etat, mais plus de sécurité pour les employés en général, et par conséquent plus de travaux. On ne verrait pas un ministre en dehors de son ministère, dès-lors qu'il travaillerait directement, et sans intermédiaire, avec des chefs de division laborieux, actifs et instruits. L'union, la confiance s'établiraient parmi les employés, parce qu'ils ne craindraient pas les faux rapports de ces demi-ministres influencés, capables de porter atteinte à leur existence. Et j'affirme que cette observation, au sujet des sous-secrétaires d'Etat et des directeurs de division, est d'une grande importance, car ce sont les bureaux qui font le ministre; ce sont eux qui par leurs relations directes et continuelles le rendent imbu, pénétré des affaires qui se présentent, et qui le mettent à portée de les discuter sans préparation à la tribune des Chambres.

L'article 47 de la Charte de 1830 n'ayant fait aucune mention à l'égard des directeurs - généraux comme responsables devant la Cour des pairs, et le procès de M. le comte de Lavalette, directeur - général des postes, condamné à mort pour crime de trahison par la Cour d'assises de Paris étant un précédent capable de fixer la juridiction, je crois que les directeurs - généraux, dont les décisions sont soumises à l'approbation des ministres, doivent être mis au nombre des autres agens du pouvoir responsables de leurs actes publics et privés devant les tribunaux.

Il en est de même des secrétaires-généraux et des chefs de division nommés par le roi; il en est de même encore des préfets et des commissaires de police; des préfets et sous - préfets de département, des conseillers de préfecture, des secrétaires - généraux de préfecture, des maires, des directeurs d'administration départementale, des inspecteurs, des contrôleurs des finances, des conservateurs. Quant aux receveurs et payeurs-généraux et particuliers, ils sont responsables devant la Cour des comptes en vertu des ordonnances royales du 28 janvier 1815 et du 21 mai 1817. Mais les jugemens prononcés par le Conseil royal d'instruction publique exerçant les pouvoirs attribués au grand-maître et au conseil de l'Université, sous l'autorité de M. le ministre de l'instruction publique, n'ont rapport qu'à la discipline et aux règlemens universitaires, et ne peuvent jamais porter aucun préjudice aux droits et libertés publics des recteurs, inspecteurs, professeurs, proviseurs, censeurs, qui doivent en jouir comme tous les Français, en vertu de la Charte de 1830.

Après avoir posé le principe de responsabilité et de juridiction, il se présente une contradiction que le gouvernement doit s'empresser de faire cesser pour ne pas priver les citoyens des droits acquis par la Charte. Je veux parler de l'article 75 de l'acte constitutionnel du 22 frimaire de l'an VIII, mis en vigueur encore aujourd'hui, et qui ne permet pas que les agens du pouvoir, autres que les ministres, soient poursuivis devant les tribunaux par des particuliers lésés, sans une autorisation du conseil d'Etat. Le principe de la souveraineté du peuple s'oppose à ce que des agens du pouvoir se retranchent derrière une loi arbitraire qui les empêche d'être poursuivis pour abus d'autorité ou pour délits privés. Ou ce droit est une fiction, ou il est une vérité. S'il est une fiction, ce que je ne crois pas, les dispositions de la Constitution de l'an VIII doivent être maintenues par le gouvernement, et les citoyens doivent, en cas de délits commis envers eux, requérir des autorisations du conseil d'Etat, et alors cette formalité est une résistance en contradiction avec nos nouvelles institutions. Si, au contraire, ce droit est une vérité, comme le roi l'a dit, l'article 75 de cette Constitution de l'an VIII doit être rapporté sur le champ par une loi, afin de laisser libres, et sans la moindre entrave, les poursuites des citoyens contre les agens du pouvoir pour raison de leurs délits publics et privés. On conçoit que ce changement est une conséquence nécessaire des principes de la révolution de juillet, et désormais les agens du pouvoir, sans cesse en présence de la souveraineté du peuple, respecteront nos libertés.

Ce rempart avait été imaginé par Napoléon pour protéger les autorités au sortir d'une violente révolution dont les passions n'étaient point assouvies, et la vengeance toujours prête à s'exercer. Sous l'empire et même sous la restauration, ce rempart devait être conservé pour échelonner l'inviolabilité du souverain.

Je pense qu'une loi à peu près semblable à la loi de l'*habeas corpus* des Anglais, dont les Chambres décideraient par une loi la suspension ou la mise en vigueur, selon l'importance des circonstances où la France se trouverait placée, vaudrait beaucoup mieux que ces dispositions de la Constitution de l'an VIII. Quand l'Etat serait en danger, l'*habeas corpus* serait suspendu, et les agens du pouvoir, autorisés d'agir, exerceraient leur autorité sans crainte d'être poursuivis par les citoyens avant d'avoir rempli toutes les formalités voulues; mais, dans les temps d'ordre et de paix, cette loi serait remise en vigueur, et les agens du pouvoir respecteraient nos libertés, ou, s'ils osaient les violer, ils seraient poursuivis directement et sans entrave devant les tribunaux, et s'exposeraient aux peines les plus graves.

Cet examen nous conduit à l'arbitraire des actes des ministres et des agens du pouvoir soumis au droit de faire grâce ou de commuer les peines.

On reconnaît que l'arbitraire est l'ennemi de l'ordre et de la paix, et ne respecte pas l'inviolabilité des lois. « L'arbitraire, a dit M. Benjamin

Constant, est au moral ce que la peste est au phy-
sique. »

Maintenant, je suppose, d'après l'article 114
du Code pénal, qu'un fonctionnaire public, un
agent ou un préposé du gouvernement, aura ordonné ou fait quelque acte arbitraire et attenta-
toire, en violant le domicile, en faisant des per-
quisitions illégales, en ordonnant des arrestations
et des détentions; enfin, en foulant aux pieds la
liberté individuelle d'un ou de plusieurs citoyens,
ce qui intéresse la société toute entière, il soit
condamné à la peine de dégradation civique.

Si, néanmoins, il justifie qu'il a agi par ordre
de ses supérieurs pour des objets du ressort de
ceux-ci, et sur lesquels il leur était dû obéissance
hiérarchique, il sera, d'après le paragraphe de
cet article, exempt de la peine, laquelle sera,
dans ce cas, appliquée seulement aux supérieurs
qui auront donné l'ordre.

Je suppose encore, d'après l'art. 115 du même
Code, que si c'est un ministre qui a ordonné ou
fait les actes ou l'un des actes mentionnés en l'article précédent, et si, après les invitations men-
tionnées dans les articles 63 et 67 de l'acte du
18 mai 1804, il a refusé ou négligé de faire ré-
parer ces actes dans les délais fixés par ledit acte,
il soit puni du bannissement.

Je demande si, dans le cas où l'on viendrait à supplier le roi d'user de son droit de faire grâce au ministre ainsi condamné au bannissement ou à l'agent du gouvernement condamné à la peine de la dégradation civique, d'après les articles ci-dessus mentionnés, Sa Majesté usera d'une prérogative qui lui a été accordée d'après l'art. 58 de la Charte; mais les citoyens lésés dans leur liberté individuelle par l'arbitraire du ministre, ou de l'agent du gouvernement condamné pour ses actes; mais les droits, que le peuple français, représenté par la Chambre des députés, s'est réservés en vertu des dispositions particulières de la Charte que le roi a jurée de maintenir et d'exécuter, ne réduisent-ils pas par le fait ce droit de grâce ou de commuer les peines, qui est facultatif, à n'être que putatif; les droits du peuple ne sont-ils pas tellement positifs qu'ils deviennent un pouvoir plus souverain que celui du roi; n'a-t-on pas eu des preuves, n'a-t-on pas vu des démonstrations hardies menacer le pouvoir exécutif et s'opposer à ses effets? Ces droits entre les mains du peuple ne tiennent-ils pas le pouvoir exécutif en suspens dans la balance des pouvoirs, et, pour comble de malheur, n'ont-ils pas paralysé plus d'une fois les talens et les bonnes intentions du roi et de ses conseillers?

C'est ce qui rend le gouvernement impossible dès lors que l'anarchie s'établit au milieu des pouvoirs : de là, ces clubs populaires où la politique se résume à des théories hardies et funestes; ces assemblées philantropiques où la perfectibilité de l'homme dépasse toute idée, où l'on étale sous les plus brillantes couleurs, aux yeux des gens pauvres et cupides, les images des sources de richesse et de prospérité dans toutes les branches de l'économie politique; où l'on excite l'envie, l'ambition, le vice chez le peuple, à force de probabilités; où la compassion, l'humanité, le désintéressement, exposés en principes, sont résumés par l'égoïsme. De là, encore, ces associations politiques, créées au nom et pour l'intérêt de la patrie, lesquelles détruisent le principe du gouvernement, et établissent un Etat dans l'Etat, des institutions au milieu de nos institutions fondées par la loi fondamentale, le désordre dans de l'ordre, les troubles, les révoltes inévitables au sein d'une population paisible, ce qui doit nous amener bientôt la guerre étrangère, pour éteindre ces foyers incendiaires de l'ordre public et de la stabilité des Etats.

Que dire des ministres placés au milieu de ce chaos politique : il faut sincèrement les plaindre de voir leur responsabilité sans cesse exposée aux poursuites de la tourmente populaire, aux violences de la souveraineté nationale; il faut aussi regretter que des intentions droites soient mal comprises, et même soupçonnées; que les talens même les plus habiles, attaqués au-dehors et au-dedans des Chambres, soient tantôt fort embarrassés, tantôt réduits à l'impuissance! Que faire, que devenir quand on voit sans cesse le pouvoir des ministres se briser aux pieds d'une souveraineté qui grandit chaque jour, laquelle peut être comparée au géant Polyphême que Ulysse enivra, et auquel il échappa, après lui avoir crevé le seul œil qu'il avait au milieu du front, en se cachant sous le ventre d'un troupeau de moutons qui sortait de son antre! Ne doit - on pas lui appliquer ce vers de Virgile, en voyant la Charte de 1814, le seul guide et le seul appui de l'intérêt national, détruite par *Ulysse*-Lafitte et compagnie :

Monstrum horrendum, informe, ingens cui lumen ademptum.

Si l'on a usé et même abusé de ces droits largement concédés, je me vois tout naturellement porté à demander qu'est - ce que la souveraineté du peuple appliquée à nos mœurs?

Je pense que nous avons le caractère trop mobile et trop changeant pour n'avoir pas besoin d'être excités à la turbulence. Je pense que notre haut degré de civilisation nous a placés plus près de la corruption que de la perfection; que le changement survenu dans nos institutions depuis notre première révolution a excité l'ambition de chacun, et nous a rendus égoïstes; et que le désintéressement, cette noble vertu qui fit le ressort des républiques de Sparte, d'Athènes et de Rome, a fui le sol de la patrie, et n'est plus de ce siècle. La souveraineté du peuple est donc contraire aux mœurs du peuple français, contraire à son repos et à l'ordre public, à ses relations extérieures politiques et commerciales, et au bien des familles. Cette souveraineté, proclamée et reconnue dans un moment d'effervescence, ne peut donc que nuire au gouvernement actuel. Tandis que la souveraineté du peuple, comprise par les agens sensés, est celle qui est exercée à cause de lui et pour lui, mais non par lui. Le peuple ne la trouve-t-il pas également en lui, puisque les bienfaits lui en sont réservés?

La cérémonie intérieure de l'église de Saint-Germain-l'Auxerrois a produit la dévastation de monumens publics par une multitude en délire qui ne représente point la pensée de la nation. Les symboles de la religion ont été foulés aux pieds; et l'administration publique a eu le tort de souffrir à Paris et dans les départemens qu'on

achevât ce chef-d'œuvre de vandalisme, renou-
velé de 93 et de 94. Le ministère de l'intérieur
a cru découvrir dans cette cérémonie une cons-
piration tramée par les royalistes, qu'on appelle
carlistes, et de suite des ordres sont partis pour
les départemens de l'Ouest et du Midi, pour en-
vahir les châteaux, les maisons habitées par tous
ceux qui ont manifesté leur attachement pour la
branche aînée des Bourbons.

Dès ce moment, les journaux de Paris et des
départemens n'ont cessé de rapporter les nom-
breuses visites domiciliaires des agens du pouvoir,
des arrestations et des détentions illégales. Qui
ne craindra que le zèle inspiré, soit par l'espoir
de l'avancement, ou par des sentimens person-
nels de haine ou de vengeance, n'ait pas foulé aux
pieds le respect dû aux foyers domestiques; que
des agens n'aient été sourds aux larmes d'une
mère, d'une épouse; aux instances d'un vieillard
prêt à finir ses jours, sans crainte de l'arracher de
son domicile; aux alarmes des habitans d'une
commune ou d'une ville entière; qui ne craindra, enfin, que les agens du pouvoir, à l'abri des
poursuites en vertu d'une loi arbitraire, ne se
soient exposés aux plaintes les plus graves, pour
ne trouver, en définitive, aucune preuve de cul-
pabilité?

Cet évènement important, joint aux principes que j'ai essayé de démontrer, prouve combien il est urgent que le pouvoir ne soit plus exercé désormais sans garantie pour la liberté individuelle, et que les poursuites des citoyens lésés puissent être intentées sans l'autorisation du conseil d'Etat. Une loi spéciale sur la responsabilité des ministres et des autres agens du pouvoir est devenue une vérité nécessaire pour assurer l'inviolabilité du roi des Français, pour imposer des conditions sévères aux turbulens et aux ambitieux, et protéger les ministres et les agens du pouvoir consciencieux et désintéressés, et il appartient à la loyauté et au dévouement de M. Casimir Périer, président du conseil des ministres, d'avoir l'honneur de la proposer.

FIN.

Paris. Imprimerie de G.-A. Dentu, rue du Colombier, n° 21.

www.ingramcontent.com/pod-product-compliance
Lightning Source LLC
Chambersburg PA
CBHW061816060726
47597CB00008B/3225